EXTRAIT

D'UN MANUSCRIT,

INTITULÉ:

LE LIVRE

DU TRÈS-CHEVALEREUX

COMTE D'ARTOIS,

ET DE SA FEMME,

Fille du Comte DE BOULOGNE.

Par M. l'Abbè MERCIER, Abbé de Saint-Léger de Soiſſons.

Tiré de la BIBLIOTHÈQUE DES ROMANS, Janvier 1783, Ier Volume.

1783.

LE LIVRE

DU TRÈS-CHEVALEREUX

COMTE D'ARTOIS,

ET DE SA FEMME,

Fille du Comte DE BOULOGNE.

TEL est le titre d'un Volume in-folio manuscrit, sur vélin, écriture du quinzième siècle, enrichi de 83 miniatures, & dont la totalité est de 114 feuillets. Un Particulier ayant récemment présenté ce Volume à la Bibliothèque du Roi, on me pria d'en dire mon avis. J'emportai le Livre chez moi ; la lecture m'entraîna, & j'en fis pour mon usage particulier, un Extrait qui fut fini en trois matinées. Le Propriétaire de la

A 2

Bibliothèque des Romans, informé du travail que je venois de faire, me l'a demandé pour l'insérer dans son Recueil; & malgré ma répugnance pour la publication d'un Extrait dreſſé avec précipitation par une main très-peu exercée avec les Romans, je n'ai pu me refuſer à une demande faite avec autant d'inſtance que de politeſſe.

Le Roman du Comte d'Artois n'a jamais été imprimé; les manuſcrits en ſont fort rares, puiſqu'il n'eſt connu dans aucune de nos grandes Bibliothèques, & qu'on ne le trouve pas dans les meilleurs Catalogues. C'eſt probablement le même Ouvrage que l'Abbé Lenglet rapporte dans ſa Bibliothèque des Romans, Tome II, pag. 240, ſous ce titre : *Les Amours du Comte d'Artois, in-fol. manuſcrit.* En ce cas, le titre n'eſt point exact, puiſque notre Roman ne ſe borne pas à raconter les amours du Comte d'Artois, mais qu'il détaille encore tous ſes faits d'armes, tous ſes exploits militaires, ainſi que cela ſe pratique dans les Livres de la même espèce, connus sous la dénomination de Romans d'Amour & de Chevalerie.

Mais quel est ce Comte d'Artois, Héros de notre Roman ? L'Auteur anonyme se borne à dire qu'il se nommoit *Philippe*, & qu'il épousa une fille du Comte *de Boulogne*. Pour m'éclairer sur ce point, j'ouvre *l'Art de vérifier les Dates* ; &, dans la liste des Comtes d'Artois (page 644 de l'édition de 1770, in-fol.), je n'en trouve que deux du nom de *Philippe* ; l'un desquels épousa Jeanne, Comtesse *d'Auvergne*, & l'autre une *Marguerite* de Flandres. Quel est donc, encore une fois, le Héros de notre Roman, qui fut marié à la fille d'un Comte *de Boulogne?* Voici la réponse à cette question. Philippe de Bourgogne, fils d'Eudes IV, Duc de Bourgogne, & de Jeanne de France, Comtesse d'Artois, est qualifié *Comte d'Artois* par quelques Historiens, quoiqu'il paroisse constant que sa mère, avant laquelle il mourut, a toujours

joui de ce Comté. Ce Philippe époufa,
en Septembre 1338, Jeanne *de Boulo-*
gne, dont il eut Philippe, qui fuccéda
réellement au Comté, à la mort de fon
aïeule (1). Ainfi, le Héros de notre
Roman eft certainement ce Philippe de

---

(1) On peut voir ce fait hiftorique exactement
difcuté & folidement établi, tant dans la Chro-
nologie des Souverains de la Province d'Artois,
publiée avec les *Coutumes générales de cette*
Province, par Adrien Maillart, Avocat, à Paris,
en 1704, in-4°, p. 98, & réimprimée avec des
augmentations en 1739, in-fol., Tom. I, page
155, colonne feconde; que dans les *Mémoires*
pour fervir à l'Hiftoire de la Province d'Artois,
par M. Harduin, imprimés à Arras en 1763,
in-12. Celui-ci, dans une Note (pag. 7 & 8),
réfute folidement l'Auteur de l'*Abrégé chronolo-*
gique des grands Fiefs de la Couronne, imprimé
en 1759, & copié dans l'Art de vérifier les
Dates. Voici la Note de M. Harduin, dont le
petit Livre n'eft pas commun. « On avance que
» dès l'an 1335, Jeanne, époufe d'Eudes IV,
» avoit remis le Comté d'Artois à Philippe leur
» fils, né en 1323, qui mourut en 1346 au fiége
» d'Aiguillon. Il y a néanmoins bien peu d'ap-
» parence que Jeanne fe foit deffaifie en faveur

Bourgogne, mal-à-propos qualifié *Comte d'Artois* par le Romancier, ainſi que par divers Hiſtoriens; lequel Philippe mourut au ſiége d'Aiguillon au mois d'Avril 1346, un an avant ſa mère.

A l'égard de l'Auteur du Roman, il n'eſt pas nommé dans le Manuſcrit, à moins pourtant que ſon nom ne fût écrit au dernier feuillet qui a été enlevé du Volume. Dans ſon Avant-propos, cet Anonyme dit que, «comme pour diſſiper » la mélancolie, c'eſt une choſe utile de » lire les anciennes Hiſtoires, il s'eſt fixé » à un Livre qui fait mémoire des

---

» d'un enfant de douze ans. A la vérité, plu-» ſieurs Ecrivains donnent à ce Prince le nom » de Comte d'Artois : mais s'il le porta, ce ne » put être que comme héritier préſomptif de ſa » mère ; & on ne le qualifie point ainſi, en 1338, » dans le Traité de ſon mariage avec Jeanne » de Boulogne, où il eſt ſimplement nommé » Philippe de Bourgogne ; tandis que, par cet acte, » le Duc ſon père & la Ducheſſe ſa mère pren-» nent, parmi leurs titres, celui de Comte & Com-» teſſe d'Artois, qu'ils gardèrent également juſ-» qu'à leur mort ».

» hautes entreprifes, Amours & beaux
» faits d'armes d'un Comte d'Artois » ;
il ajoute que fes fautes doivent *être
excufées & corrigées doulcement*, parce
qu'il ne doit *être réputé que l'Efcripvant
qui écrit ce qu'il trouve ez aultres Volumes*
dont fon Ouvrage donne proprement
la fubftance.

Ce langage, fimple, naïf & modefte,
prévient en faveur de l'Auteur & de
fon Ouvrage, dont il eft temps de pré-
fenter enfin l'analyfe.

※

« Ou temps paffé, que nobleffe &
» honneur féoient ou plus hault dégré
» par toutes régions Chrétiennes, &
» que parfaite proeffe eftoit entée &
» enracinée au plus fort ès cuers des no-
» bles hommes, pour les faire luire &
» feignorier au monde par l'exercite de
» Chevalerie, qui les faifoit eflever juf-
» ques à la félicité de glorieux renom,
» eftoit un Comte en Artois, bel, grant,
» riche & puiffant, nommé Philippe ».

Les vertus de ce Comte lui avoient fait un nom jufques dans les Pays éloignés; fon amour pour les exercices des joûtes & des tournois, s'étoit manifefté *dès fa jeuneffe*, & il cherchoit les occafions de fe fignaler en ce genre. Le Comte de *Bouloingne* lui en préfenta une par le tournoi qu'il donna dans fa Ville, tant pour réunir la Nobleffe du Pays, que pour y faire connoître fa fille unique & fon héritière. On conçoit aifément l'empreffement du Comte d'Artois pour fe rendre à cette fête. Il arrive à Boulogne au jour indiqué, fe diftingue par fon adreffe & fa courtoifie, & il en reçoit le prix de la main de l'Héritière de Boulogne. Celle-ci avoit fait une vive impreffion fur fon cœur; il la demande, & l'obtient en mariage. Les noces furent célébrées, avec la plus grande pompe, dans la Ville d'Arras, & les deux époux jouirent, *pendant deux ou trois ans*, du bonheur attaché à une union légitime. Ce bonheur ne fut pas de longue durée. Le Comte, affligé de n'avoir point d'enfans d'une époufe qu'il chériffoit tendrement, fe livre à des réflexions chagrines; puis il prend le parti de quitter fa Cour, & annonce fa réfolution à la Comteffe, en faifant ferment de ne point revenir avec elle, *jufqu'à ce que trois chofes, qui font comme impoffibles, foient advenues.* Ces trois chofes, *comme impoffibles,* étoient que la Comteffe devînt enceinte de fon mari, fans qu'il en fût rien, & qu'il lui eût donné, auffi fans le favoir, fon diamant & fon cheval, qu'il aimoit beaucoup l'un & l'autre.

Malgré les pleurs de la Comteffe, fon mari part, & arrive à Paris. Il y trouva le Roi, qui, *pour le beau renom qu'il avoit,* lui fit *grant chiere,* auffi-bien que les Princes & Seigneurs de la Cour, où il fe diftingua dans les joûtes & tournois qu'on donna pendant fon féjour, qui fut d'un mois; après lequel *il fe mit à chemin vers Melung, & tira en Berry & en Auvergne,* d'où il fe rendit à Narbonne, pour fe repofer, ainfi que fon équipage. Etant dans cette Ville, d'Artois apprend la guerre allumée entre le Prince *de Caftillonne* & le Comte d'Urgel & de Rouffillon, que le premier tenoit affiégé dans fa Ville de Perpignan. D'Artois vole au fecours d'Urgel : bientôt il le détermine à une fortie qui coûta beaucoup de monde aux Affiégeans ; ceux-ci, dans une feconde affaire, dirigée par d'Artois, furent mis en déroute, & obligés de lever le fiége. Le Comte d'Artois tua de fa main le Prince *de Caftellongne.* Après une expédition fi glorieufe, le Prince prit congé du Comte d'Urgel ; & comme pendant fon féjour à Perpignan il avoit appris, par un Gentilhomme de Picardie, qui venoit de S. Jacques le *Baron*, que le Roi de Grenade (*qui Payen eftoit*) dévaftoit la Caftille, *dont la pitié devoit être grande à tous dévots Chrétiens & nobles Chevaliers*, notre Brave fe détermine à aller fecourir le Pays. En route, il rencontre un Ecuyer qui alloit très-vîte ; il l'arrête, & apprend de lui la fituation déplorable d'une Demoiſelle, héritière de la Comté de Cardonne, & qui avoit perdu récemment ſon père. Un Seigneur de Moncalde l'ayant demandée en mariage, avoit été éconduit honnêtement par la jeune Comteſſe, ſous prétexte qu'elle ne pouvoit rien conclure ſans l'avis du Roi d'Arragon ſon parent. Cette réponſe offenſa Moncalde, qui, par reſſentiment, avoit noirci la réputation de la Belle, & l'avoit accuſée d'avoir empoiſonné ſon père, pour hériter plutôt de lui. Cette atroce calomnie, Moncalde offroit de la prouver en champ de bataille *contre qui ce ſoit*. Il a ſurpris la religion du Roi d'Arragon, qui a prononcé une ſentence de mort contre la Demoiſelle, au cas qu'elle ne puiſſe ſe purger de l'accuſation *par Champion*. Or Moncalde eſt très - redouté, & peu de gens oſent ſe meſurer avec lui. L'Ecuyer couroit donc chez un parent & ami de la Demoiſelle de Cardonne, pour l'avertir du danger preſſant où elle ſe trouvoit. Le Comte d'Artois, informé de

ces faits & du lieu (Sarragoſſe) où devoit ſe faire la preuve par combat de
l'innocence de l'Accuſée , continue ſa
route. Arrivé dans une Ville nommée
Beryte, le temps étant beau & la ſaiſon
invitant à la promenade , après ſon ſou-
per, il va hors de la Ville prendre l'air ,
& voit l'Ecuyer qui lui avoit conté
l'hiſtoire de la Demoiſelle de Cardonne,
& qui revenoit bien affligé de ce que
le parent de cette jeune infortunée re-
fuſoit d'aller combattre pour ſon innocence. Le Comte d'Artois conſole de
ſon mieux l'Ecuyer , & lui dit de ſe
tranquilliſer , *& de s'attendre à Dieu, qui
garde & défend le droit d'ung chacun.* Il
rentre dans la Ville ; & comme on lui
confirme la vérité du récit fait par l'E-
cuyer, il prend ſur-le-champ la réſolu-
tion d'aller combattre pour la Demoiſelle. Ses ordres donnés pour la viſite de
l'équipage, il ſe met au lit tranquil-
lement. Le lendemain , *après Meſſe oye,
il beut une fois ,* monte à cheval, & arrive
en un jour à Sarragoſſe , au moment

même où l'on amenoit la Demoiselle de Cardonne, pour y être *arse*, selon la sentence du Roi, si, avant douze heures, aucun Champion ne se présentoit pour défendre sa cause. A cheval à côté du Roi, Moncalde, persuadé que sa valeur en imposant à tous les Braves, aucun n'oseroit se présenter pour le combat, insultoit lâchement au malheur de l'Accusée, qui n'attendoit que la mort. *Hola, biaulx Seigneurs ; hola, laissez-moi parler au Roi*, s'écria d'Artois, *& ne menez plus avant cette Pucelle, tant que j'aura dit ma volenté*. Il approche respectueusement du Prince ; & après en avoir obtenu la permission d'entretenir en particulier la Pucelle, qui, *par la redenption de son ame*, lui affirma son innocence, il prie le Roi de faire venir Moncalde, pour s'assurer s'il persistera dans son accusation. Il y persista ; &, pour prouver la vérité de son dire, il *jetta son gant*. D'Artois le relève à l'instant, assurant qu'il va *prouver de son corps* le mensonge. Les sermens d'usage prononcés, les deux Champions montent à cheval. Le combat s'engage en préfence du Roi ; Moncalde affene un coup de lance affez violent pour la brifer, mais fans défarçonner d'Artois, qui porte à fon ennemi un coup fi *roide & fi apoint, que tout porta en ung mont maître & cheval; & ne remuoit pieds ne mains, non plus que s'il fuft mort.* D'Artois pouvoit le tuer ; il fe conduifit en homme d'honneur avec Moncalde. Bref, la victoire étant reftée du côté de d'Artois, à la grande fatisfaction de toute l'Affemblée, la Pucelle, par reconnoiffance, lui *fait préfent de fon corps & de fa chevance entierement.* Curieux de voir ce Brave, le Roi le prie *d'ôter fon heaulme;* ce qu'il fit, efpérant n'être connu de perfonne. Mais un Chevalier de Barcelonne, qui l'avoit vu au fiége de Perpignan, s'écria : *C'eft le noble Comte d'Artois, dont le bruit & le biaulx renom eft augmentu en toutes Cours d'honneur.* Le Roi enchanté embraffe d'Artois, & le prie de demeurer à fa

Cour pendant sept ou huit jours ; ce qui est accepté. Cependant la Demoiselle quitta le champ - de - bataille fort contente, & *accompagnée, à son retour, mieux qu'elle ne fut à aller, & ainsi va de ce monde communément.* Elle étoit aimée du Prince de Vienne, neveu du Roi d'Arragon, & frère du Roi de Navarre. D'Artois s'apperçut aisément que ce Prince, *biaulx & bien conditionné* Chevalier, étoit payé de retour : il s'arrête à la Comtesse, « qui ne faillit de » rien à le festoier & honorablement » remercier, présentant de rechief son » corps & chevance, pour faire à son » plaisir, comme à celui qui saulver » l'avoit de mort. Mais le Comte oyant » la belle & doulce si humblement par-» ler, la loua sur toute rieus, & en la » serrant ung petit par les dois, lui dit » tout basset : *Belle de vous puist joyr à sa* » *plaisance celui qu'est en ce monde de vous* » *le mieulx navré amoureusement ; & je* » *crois que tost seriez nommée Princesse de* » *Vienne.* A tant passa oultre ; car la

» Pucelle

» Pucelle prift à muer fa couleur & rogir
» en gettant un petit foufpir eftraint de
» defir ». Il négocie avec le Roi ce mariage , qui eft célébré dans la plus grande
folemnité, & il part de Sarragoffe pour
fe rendre à Caftille.

Notre preux Chevalier arrive à *Tou-
lecte* (Toléde), où étoit la Cour. Le
Roi de Caftille le reçoit avec toute la
diftinction qu'il méritoit , « & le fift
» feoir au difner avec lui & la Royne
» fa femme; & pour le mieulx feftoier,
» manda querir fa fille , qui belle &
» jeune fut autant ou plus que mille
» dont on fceuft parler pour ce temps ,
» & dont le Comte fut très-joyeux, &
» grand bien lui faifoit fon gent regard
» feulement ». Après le repas, d'Artois,
dans un entretien particulier avec le
Monarque, lui apprend qu'ayant fçu à
Perpignan la guerre qu'il avoit déclarée
au Roi de Grenade , *Payen & ennemi de
notre Loy*, il eft venu lui offrir fes fervices, dans la ferme réfolution de ne
quitter la Caftille que lorfque fes ennemis

en feront *defchaffés & mis en fa fubjection.*
Le Roi, émerveillé d'un fecours aulli
inattendu , prodigue les marques d'ami-
tié à d'Artois, qui reçoit de toute fa
Cour les témoignages d'eftime les plus
flatteurs. Le Monarque affemble en Confeil les Grands du Royaume, pour, de
concert avec d'Artois , prendre les
moyens les plus efficaces de réprimer les
Sarrafins. D'Artois confeille de ne pas
s'effrayer du nombre des ennemis, &
d'aller inceffamment les attaquer dans
leur Pays, fans attendre qu'ils viennent
en Caftille. Le Confeil ayant adhéré à
cet avis, donne les ordres pour que,
dès l'entrée de la Campagne, les troupes foient prêtes à marcher vers Grenade.

L'hiver fe paffe *en joie avec les Dames
& Damoifelles* , & fingulièrement avec
la fille du Roi, pour l'amour de laquelle
d'Artois *faifoit jouftes & tournois, où il
avoit le bruit & le los d'ung chacun.* Arrive enfin le mois de Mars ; les troupes
de Caftille fe raffemblent & fe rendent

devant Grenade. Par le conſeil de d'Artois, une partie de l'armée attaque l'ennemi, avec ordre de fuir après quelques heures de combat. Il étoit caché dans une embuſcade ; & lorſque les *Payens* ſe mettent à la pourſuite des fuyards, il tombe ſur eux, & en fait un horrible carnage. La déroute des Sarraſins fut complette : *Fuyons, fuyons,* s'écrioient-ils ; *voilà le Dieu des Chrétiens, qui combat pour ceux de ſa Loi,* parlant de d'Artois, qu'ils voyoient *courre & racourre de baſtaille en eſtour, ſans ceſſer à battre Chevaliers, fendre heaulmes, percier eſcus.* La perte des Sarraſins fut immenſe, puiſque, *de quarante mille qu'ils étoient, il n'en échappa mie plus de mille.*

La nouvelle de cette victoire répand un deuil univerſel dans Grenade (1)....... Cependant le Roi de Caſtille, qui avoit envoyé deux de ſes *Eſpies* (Eſpions)

____

(1) Il y a ici une lacune d'un ou deux feuillets, entre le 59ᵉ & le 60ᵉ.

dans cette Ville, apprit que les ennemis fe difpofoient à prendre leur revan-
che. Il renvoie contr'eux le Comte
d'Artois, à la tête de douze mille hommes ; le Prince fit fi grande diligence,
qu'à l'aide de l'Efpion, il furprit l'ennemi *une heure devant jour*, le battit une
feconde fois complètement, & retourna
à Cardonne, où il fut reçu du Roi de
Caftille & de toute fa Cour avec les
diftinctions dues à fa bravoure. Cette
feconde défaite n'empêcha pas le Roi
de Grenade de faire une nouvelle ten-
tative. Etant venu avec ce qu'il avoit
pu raffembler de troupes, près de Cardonne, d'Artois partage l'armée Caftil-
lane en fix divifions, & fe conduit avec
tant de vigueur & d'habileté, que *de
cent & dix mille qu'ils étoient, quand
ils partirent de Grenade, il n'en retourna
pas plus de dix mille.* Leur Roi, que d'Artois avoit rencontré pendant le combat,
& qu'il avoit renverfé de cheval par un
rude *cop d'efpée fur fon heaulme*, échappa
à la mort, & retourna dans fa Ville,

confus du nouveau défaſtre qu'il venoit d'éprouver. Après une victoire auſſi glorieuſe que déciſive, le Roi de Caſtille, accompagné de d'Artois, retourne à Cardonne, où notre Héros fut reçu avec d'incroyables démonſtrations de joie pour *la mortelle deſconfiture des Meſcréans. Les cloches ſonnoient ; Clercs, Prêtres & autres vinrent au - devant d'eux, chantans hymnes & louanges à Dieu ; & le commun Peuple crioit hautement : Vive le Noble Comte d'Artois ; vive fleur de proeſſe, miroir de Nobleſſe ; vive le plus vaillant de ceſt monde.* A leur arrivée, chacun ſe retira chez ſoi, pour prendre du repos ; le lendemain, dès le matin, les vainqueurs allèrent à *la grant Egliſe* remercier Dieu & la Vierge ; &, *par l'eſpace de cinq jours*, les fêtes furent continuelles. Néanmoins, pour achever de ſe débarraſſer des Sarraſins, la Caſtille donna bientôt au Comte d'Artois douze mille hommes pour reconquérir, *par ſiéges & force d'armes*, toutes les places que le Roi de Grenade avoit *gaignées ;*

ce dont le brave Comte s'acquitta, à la satisfaction des Castillans. Leur Roi, après avoir mis bonne garnison dans chaque place, reprit le chemin de Tolède avec d'Artois, qui brûloit d'y arriver, *pour veoir ses nouvelles amours, la belle-fille du Roi dont il estoit féru si au vif, que plus n'eust pu estre.* La Reine, sa fille, *la Clergie*, & gens de tous états, vinrent au-devant des vainqueurs à plus d'une lieue de Tolède, où ils arrivèrent enfin. « Si fut le Comte, tousiours » devers ses amours au plus près ; ains » lui sembloit que son cueur fust trans- » porté en ung petit Paradis, seulement » pour le grant bien qu'il prenoit au » veoir le seignorieulx maintieng dont » la Belle estoit garnie ». Après un séjour assez court à Tolède, le Roi & sa Cour en partirent pour se rendre à la Ville de *Daldolif* (Valladolid), *où voulontiers se tenoit.* On y logea convenablement d'Artois, « qui passoit son temps en » toute joye avec le Roi & les Princes, » qui à son vouloir *inclynoient* ; puis

» avec les Dames, qui, de joyeux devis,
» le fervoient, comme au penfer amou-
» reux de la belle fille du Roi, qui lui
» faifoit entre-oblier Pays , femme &
» toute autre chofe mondaine ». Laif-
fons-le fe livrer aux plaifirs de Valladolid , & revenons à Arras.

Qu'y faifoit l'infortunée Comteffe
d'Artois, depuis le départ de fon époux ?
Hélas ! elle fe livroit à la douleur ; elle
invectivoit la fortune marâtre : elle invo-
quoit la mort à grands cris , comme le
feul terme de fes maux. En vain le Comte
& la Comteffe de Boulogne , fes père &
mère , venoient la vifiter , & effayer de
lui donner quelques confolations : l'infortunée Princeffe s'y refufoit obftiné-
ment , ne prenoit aucune nourriture ;
« & , après un milion de longues & pi-
» teufes complaintes , elle fe refcrevoit
» à plourer fi amèrement , que vous euf-
» fiez dit que fon corps deuft noyer en
» larmes : fa face, qui fut, par avant,
» *blanche & tendre , colourée comme une*
» *image ,* fe changea & dégafta telle-

» ment , qu'elle fembloit , au regarder ,
» mieulx morte que vive ». Enfin , à
force de penfer au départ de fon mari ,
qui l'avoit cruellement abandonnée depuis *fix mois* ; à force de chercher les
moyens de fe rapprocher de lui , elle fe
rappelle ce qu'il avoit affuré en par-
tant , qu'il ne reviendroit auprès d'elle
qu'après trois événemens impoffibles.
Le courage reprend la Comteffe : fon
cœur fe livre à l'efpérance. Elle envoie
chercher un vieux Gentilhomme , nommé Olivier , connu par fa *preudhommie ;*
& , après lui avoir ordonné un fecret
inviolable , elle lui confie le deffein où
elle eft d'aller avec lui feul , & fous
fa garde , *cherchier par toutes régions
celui fans lequel* la vie lui étoit à charge.
Le bon Olivier , charmé de l'attache-
ment de la Comteffe pour fon époux ,
promet de la fuivre par - tout , & fe
charge de lui trouver des habits d'homme & un équipage. Mais comment quitter l'Artois ? La Comteffe prend le parti
de dire à une de fes Femmes de con-

fiance qu'elle veut faire un pélerinage, qu'elle defire que fon voyage foit fe-cret jufqu'au lendemain ; & elle donne des ordres pour le temps de fon ab-fence. Elle fe rend enfuite au lieu con-venu entr'elle & Olivier, y quitte fes vêtemens de femme, prend l'habit de cheval, & part avec fon Serviteur pour Paris, où l'*on parloit encore* avec éloge de fon mari ; de-là, elle paffe à Perpi-gnan, à *Caftellongne*, en Arragon & en Caftille. Par-tout elle entend louer la vaillance & les proueffes du Comte, fur-tout dans la Ville de *Burgues* (Bur-gos), où les Habitans lui apprennent que, « par *fa chevalereufe proeffe*, d'Ar-» tois les avoit *fauvés de fervitude mor-* » *telle*, *& mis en repos & joye paifible*, & » qu'il fe tenoit à *Valdolif* avec le Roi » de Caftille, qui ne faifoit fefte que » de luy, pour le biaux fervice qu'il lui » avoit fait ».

Arrivée à Valladolid avec fon *leal Efcuyer* Olivier, elle s'y logea, dans la ferme réfolution de *tenir* dans cette Ville jufqu'à ce que *Dieu euſt pourvu à ſon fait.* De ce moment, elle prit le nom de *Philippot.* Tout en fe promenant dans la Ville, & examinant les maiſons, les armoiries placées au-deſſus d'une porte, lui firent diftinguer l'Hôtel de ſon mari, qui, bientôt après, y arriva à cheval, *venant de devers le Roi.* Elle le reconnut aifément, ainſi que les gens de ſa ſuite. *Sainte Marie, comme fut la Comteſſe joyeuſe de regarder ſon ſouverain deſir & parfait!* La joie qu'elle en reſſentit fut ſi grande, que, ſans le bras d'Olivier, elle ſeroit tombée en défaillance. Elle retourne à ſon logis, apprend la Langue du Pays *aſſez pour demander ce qu'il lui fut néceſſaire,* & tous les jours elle venoit voir paſſer ſon Seigneur. Enfin, elle s'arrangea de façon que les gens de la ſuite du Comte la fixèrent, & la prenant *pour un jeune Compagnon de Picardie, nommé Philippot,* ſe lièrent avec elle, comme avec un bon

Compatriote (1). Le Comte, informé de cette liaison, voulut voir le jeune homme, qu'il jugea, quand il le vit, *le plus biaulx Compaignon & honneste concques mais saillit du Pays.* Interrogée sur son Pays & son nom : *Certes, Monseigneur,* répondit-elle, *je suis natif de la Cité d'Amiens, & suis appellé Philippot.* = *Par votre foy, estes-vous Gentilhomme ?* = *Nanil, par ma foy, Gentilhomme ne suis-je mie*=. Le Prince *se prit à rire,* & lui souhaita *bonne avanture & bon jour.* D'après un accueil si gracieux, les Officiers du Comte l'engagèrent à venir les voir à l'Hôtel, tant & aussi souvent qu'il voudroit; ce qu'il fit assidument, *pour prendre sa refection amoureuse à veoir son Seigneur.* Précisément, dans ce temps, une maladie ayant emporté le premier Valet-de-chambre, les Officiers, qui aimoient Philippot, songèrent à lui pour

______

(1) L'Auteur observe que, pour n'être pas reconnus, la Comtesse & Olivier, *dez leur departement d'Arras, s'etoient froités les visaiges.* (feuill. 77 v°).

cette place, & en parlèrent au Comte, qui l'arrêta pour fon *Chambellan, tout pour l'amour du bon renom qu'on* lui *portoit.* Voilà Philippot dans la place qu'il n'auroit ofé efpérer quelques jours avant; il eft en poffeffion de la garde-robe du Comte, & fait favoir promptement fa bonne fortune au fidèle Olivier, qui reftoit dans fon Hôtellerie, dans l'attente des événemens. Cependant Philippot rend fon fervice agréable, tient la garde - robe du Comte dans le meilleur ordre, &, par fon affiduité, fe fait aimer tant du Maître que des Officiers. Ce Maître étoit toujours fort amoureux de la fille du Roi, mais il n'avoit pas ofé déclarer fa paffion ; *fi féchoit fur terre & moroit au plus près de fa medecine.* Il perdit l'appétit, & ne prit plus aucun plaifir ; ce qui chagrina le Roi & la Reine, qui ne foupçonnoient pas que *ce luy venift d'amours.*

En qualité de Valet - de - chambre, Philippot couchoit dans la chambre du Comte, qui paffoit les nuits à gémir de ſon douloureux martyre. Au milieu de ſes lamentations, il nomma la fille du Roi, & apprit par-là à ſon Chambellan ce dont *jamais il ne ſe fût douté.* Lamenrations de la part de celui-ci à ce ſujet. « Hé Dieu, Sire, diſoit-il tout bas, » voulez-vous avoir deux femmes, & » reſſembler à Saint Alvin? Souffiſe- » vous-en une, qui plus vous aime que » tout le monde, car pourtant ſe votre » cueur avez oté de moy, ſi ne laiſſe » pas de vous ainſois vous tiendre à » Seigneur & ami toute ma vie ».

Cependant la triſteſſe du Comte ne faiſoit que s'accroître. Un jour qu'il étoit profondément livré à ſes rêveries, « *faiſant chaſtiaulx en Eſpaigne*, il jetta » un très-douloureux ſouſpir ſi haultain» » qu'il ſembloit que l'ame deuſt yſſir » en la preſence de la Comteſſe ſa fem- » me, qui toute ſeule etoit avec lui». Elle ne put contenir ſon zèle, & lui repréſenta, avec un intérêt vif & reſ- pectueux, que l'Amour étant la cauſe des maux qu'il enduroit, il ſeroit plus ſage de confier les ſecrets de ſon cœur à un homme *feable & ſaige*, propre à lui donner de bons & utiles conſeils, que de concentrer ainſi ſon chagrin dans lui-même. « Mon doulx Philippot, ré-

» pondit le Comte, vous ſavez tant de

» mon ſecret, que le celer ne vous vault

» riens; & quant tant m'en avez dit, je

» vous en fais bon gré: ſi ne ſcay hom-

» me ſeans, tant ſoit mon privé, à qui

» je voulſiſſe dire ce que je vous diray,

» eſperant que vous le tiendrez ſecret ».

Il lui avoue enſuite que, depuis long-temps, il eſt amoureux de la fille du Roi; que ſa paſſion augmente tous les jours, & qu'elle eſt à un tel point, que, *ſans hatif ſecours, de ſa vie n'eſt plus rien;* mais que jamais il n'a oſé ſe déclarer, dans la crainte d'un refus. Philippot donne des conſolations au Comte, & lui fait eſpérer de *venir à chef de ſa be-ſoigne.* Ce Philippot étoit *ſi bien appris,* que lorſqu'il accompagnoit le Comte à la Cour, on le diſtinguoit parmi les autres Officiers du Prince. Une Dame, entr'autres (c'étoit la Gouvernante de la fille du Roi), charmée de son maintien, & *cuidant véritablement que ce fut ung homme, pour ce qu'on le nommoit Philippot,* lui fit un jour quelques questions ; *& tant lui pleurent ses réponses sagement données, que de l'oyr parler ne se pouvoit saouler.* Philippot, voyant l'impression avantageuse qu'il avoit faite sur l'esprit de cette Dame, qu'il jugeoit plus propre que *nesune de la Court* à amener à bien son entreprise, gagna sa confiance, au point qu'elle ne pouvoit plus se passer de lui, & lui confioit ses secrets les plus intimes. Dans une de leurs conversations secrètes, Philippot lui révéla donc un jour qui il étoit sous l'habit d'homme, & ne lui cacha ni les motifs qui avoient porté le Comte à quitter Arras, ni l'espèce de vœu qu'il avoit fait de n'y plus revenir avant l'accomplissement de trois choses impossibles. Philippot ajouta que ne pouvant plus résister au chagrin que lui donnoit l'absence du Comte, il étoit venu avec un seul Ecuyer à la poursuite de son fugitif époux, & dans le dessein de faire ses efforts pour qu'il accomplît son vœu & retournât, par ce moyen, en son Pays ; qu'à la faveur de son déguisement, le Comte lui avoit confié son amour excessif pour la fille du Roi ; & que cet amour étoit tel, que « s'il n'est en aucune » façon secouru hâtivement, il est en » grand dangier de morir. Et ce ne puet » il estre nullement, dit encore Phi- » lippot à la Dame, s'il n'est par votre » courtoisie & bonté à tout conclurre, » finablement : ce bien & esjoyssement » de nous deux est en vous ». ═ Et comment, répliqua la Dame, puis-je vous servir tous deux, *sans mon honneur perdre?* Comment apporter le remède aux maux de votre mari, sans *le blâme & deshonneur* de la fille du Roi que j'aime autant que la mienne? ═ «Mon inten- » tion, reprend alors la Comtesse, n'est » mie que Monseigneur ait allegeance » de sa maladie *par aultre que par moi* ». La fille du Roi portoit une verge d'or *en son doy :* Philippot en propose une

plus

plus belle en échange, fon deffein étant de donner l'autre à d'Artois, comme fi elle lui étoit envoyée par la fille de la Reine. A ce moyen, il s'en croira aimé, continue Philippot avec vivacité, fur-tout lorfque j'ajouterai qu'elle doit fe rendre à votre appartement, où je le conduirai moi-même; » & tandis qu'il » fe déshabilleroit, j'entrerois au lit, » où il me trouveroit, au lieu de votre » Maîtreffe, & ferois tant advifée en » mon fait, tant en manieres comme » en langage, qu'il cuideroit être parvenu à fon joyeulx defir ». La Gouvernante confent à cet arrangement. Avec le beau diamant que lui avoit donné en échange la Comteffe, elle obtient bientôt celui de la fille du Roi, que Philippot préfente au Comte, comme fi elle le lui eût envoyé. Le Comte eft au comble de la fatisfaction, fur-tout lorfque, la nuit fuivante, fon Chambellan le conduit dans un appartement de la Gouvernante, avec l'affurance qu'il y pourra paffer la nuit

C

avec fa Maîtreffe. Effectivement il l'y conduit, fe cache dans une garde-robe ; & tandis que le Comte fe déshabilloit, il rentre par le *petit huyffet* (petite porte) , qui répondoit à la ruelle de la chambre, & *fe gliffe tout coiement* dans le lit. De fon côté, le Comte eut *tot fait fon dépouillement* (déshabiller) ; « car » d'aguillettes couper & tout rompre » ne fut-il guères tardif par le grand » defir qui à ce l'admoneftoit ; bref, il » *fe coucha fans faire long benedicite* ».

Je fais grace aux Lecteurs des doux propos qui fe tinrent entre les deux époux. Le Comte, croyant poffèder la fille du Roi, « *la trouva tant entiere, tendre* » *& fraîche*, qu'il ne fut jamais mieux » à fon aife ne plus joyeux ; fi, ajoute » l'Auteur, ne dormirent oncques de » l'œil toute la nuyt : ainfois mene- » rent le foulas & plaifant defduit d'a- » mours, ainfi que bon leur fembla ; car » pour ce etoient-ils là ». Pour entretenir la méprife de fon époux, & foutenir fon rôle, la Comteffe, fous prétexte de décence, pria d'Artois de ne plus parler à la fille du Roi, même par fignes; de ténir leur amour bien fecret; de ne montrer à perfonne la bague qu'elle lui avoit fait paffer; & de ne lui envoyer jamais d'autre meffager que Philippot. Le Comte promit tout; &, *après infini nombre de baifers gracieulx & joyeufes devifes*, la Comteffe prit *congié*, au grand regret du Comte, s'alla bien vîte habiller dans la garde-robe, & fe rendit promptement à l'Hôtel de d'Artois, qui rentra un moment après, & remercia Philippot du bonheur qu'il lui avoit procuré. Ce commerce dura *fi longuement, que la leale Dame fçut véritablement qu'elle etoit groffe d'enfant.* Le Comte, au comble du bonheur, & s'en félicitant un jour avec Philippot, lui dit qu'il vouloit récompenfer fes fervices, & le preffa d'accepter quelque préfent. Philippot refufa d'abord; mais, fur les inftances du Comte, il confentit à recevoir un diamant qu'il *garderoit en mémoire de lui.* Sur-le-champ,

le Comte ouvre son écrin, & Philippot
choisit celui même que le Comte aimoit davantage, & qu'il connoissôit
très-bien. Cependant la grossesse de la
Comtesse avançoit; au bout de quatre
mois, le prétendu Philippot devint pâle,
& perdit l'appétit. D'Artois, s'apper-
cevant qu'il étoit fort changé, lui demande quelle est sa maladie. ══ Avant
mon départ d'Amiens, répondit-il d'un
ton pénétré, j'avois *voué & promis payer
un pelerinage que je n'ai point fait*, parce
que je suis entré à votre service. Le
dépérissement de ma santé est, à coup
sûr, un avertissement que Dieu me
donne, pour avoir manqué à ma pro-
messe. Je tremble qu'il ne m'arrive pis
encore, si je laisse passer le terme fixé
pour mon vœu. J'irois donc, avec votre
permission, l'accomplir, si j'avois un
cheval sûr pour une si longue course.══
Eh! prenez mon *courfier, qui n'a point
de pareil pour voyager & porter un homme
doucement.* Servez-vous-en, je vous le
donne : tout mon desir est que vous

recouvriez bientôt la fanté ═. Telle
fut la réponfe du Comte. Philippot le
remercie, monte fur le courfier, & fe
rend à l'Hôtellerie du bon Olivier, à
qui il raconte tout ce qui s'étoit paffé,
lui enjoignant de fe préparer promptement au départ. Il retourne enfuite
au Château chez la Gouvernante de
la fille du Roi , à qui il *expofe l'ac-*
compliffement de fon entreprife ; afin que
fi, par la fuite, on l'appelloit en témoi-
gnage, elle pût certifier *la vérité telle*
comme elle etoit de ce tant qu'elle etoit
groffe des euvres de fon mary, comme des
deux aultres chofes cy-deffus déclarées ; &
en prenant congé d'elle, il lui fit préfent d'un *bon colier d'or garni de riches*
pierres. Du Château, il paffe à l'Hôtel
du Comte, pour rendre les clefs de tout
ce qui etoit en fa garde, & pour prendre
congé de fon Seigneur, qui l'engagea
à revenir bien promptement, attendû
que, pendant fon abfence, il ne pour-
roit parler *à fes amours.* De retour à
l'Hôtellerie d'Olivier, « *après qu'ils eu-*

» rent tous deux pris la fouppe en vin,
» ils montent à cheval, paffent par la
» *voye* de S. Jacques tout droit à Burges,
» en Navarre, par S. Jean *du Pied-des-*
» *Pors* , & arrivent, fans accident, à
» Paris, où ils féjournèrent fort peu,
» *tant qu'ils parvindrent* un foir, comme
» aux portes fermées, en la Ville d'Ar-
» ras , & allèrent defcendre en l'Oftel
» ouquel Olivier avoit laiffé les habille-
» mens de la Comteffe ». Après avoir
repris fes habits, celle-ci envoie chercher fon *Maître d'Oftel* & celle de fes
femmes à qui elle avoit fait part de fon
prétendu pélerinage ; elle ordonne que
l'on *mande les plus Nobles de fa Comté* ,
tant d'Eglife, comme Chevaliers , même le
Comte de Bolongne fon oncle ; puis elle
fe rend au Château. « Sa venue fut tôt
» fchue aval la Ville, qui tant en fut
» remplie de joie, que l'on y fonnoit les
» cloches auffi joyeufement comme s'il
» fuft le jour de Noël, & faifoit l'en
» feux comme l'en fait la nuit S. Jean-
» Baptifte ». Tous les Ordres vinrent

faluer la Comteffe, & lui marquer la
joie la plus grande de fon retour. Quand
ils furent affemblés, elle leur fit le récit
exact de tout ce qui s'étoit paffé, leur
communiqua les motifs qui avoient
éloigné d'Arras fon mari, & le vœu qu'il
avoit fait de n'y revenir qu'après trois
événemens qu'il croyoit impoffibles ;
leur expofa tout ce qu'elle avoit fait
pour l'accompliffement de ce vœu; &
elle conclut que le Prince n'ayant plus
de raifon pour ne pas revenir à Arras,
il s'agiffoit de concerter les moyens de le
déterminer à s'y rendre. L'avis unanime
du Confeil fut qu'il falloit envoyer à
d'Artois une *Ambaffade*, compofée de
l'Evêque d'Arras, de l'Abbé de Saint-
Vaaft, de deux Chevaliers & de deux
Confeillers, avec charge de l'engager
à retourner dans fes Etats. Les Députés
partent, arrivent à Valladolid, deman-
dent & obtiennent une Audience, donnent au Prince les preuves les plus fortes
de l'accompliffement des trois chofes
prétendues impoffibles, en lui citant

les jours où il avoit habité avec le prétendu Philippot, aussi-bien que les épo-
ques précises du don qu'il lui avoit fait de
son diamant & de son cheval, & ils le sup-
plient de venir rejoindre la Comtesse son
épouse. D'Artois, après s'être assuré de
la vérité des faits auprès de la Gouvernante de la fille du Roi de Castille, qui
confirma le récit des Ambassadeurs, va
prendre congé du Roi, qui, ainsi que
toute sa Cour, témoigne un grand chagrin de sa résolution; & le Comte s'ache-
mine pour Paris avec la Députation Ar-
tésienne. « Les Princes & Barons l'y re-
» cueillièrent haultement & lui vinrent
» faire les bien vignans, & le menèrent
» devers le Roy, qui grant honneur lui
» fit pour sa haulte loyauté & belle re-
» nommée », le retenant cinq jours,
pendant lesquels on fit savoir son arrivée à la Comtesse son épouse. « Après
» le congié prins au Roi de France &
» tous les Princes de sa Cour, le Comte
» partit de Paris, & chevaulcha jusques
» bien près de sa Ville, où l'on savoit

» fa venue. Pourquoi le Comte de Bou-
» logne , fa Chevalerie & ceux d'Ar-
» tois , avecque la Clergié , revêtue des
» veftemens ecclefiaftiques, & le comun,
» alèrent au-devant de lui . . . . . Ils
» entrèrent enfemble à la Ville , où clou-
» ches batteloient joyeufement ; toutes
» les rues furent pourtendues & parées :
» en plufieurs lieux l'on y montroit par
» perfonnaiges les haults & biaux Mif-
» teres. Les aucuns joyoient jeux joyeulx
» & plaifans , & les autres difoient de
» biaulx dits & balades , felon la faculté
» louable de Réthorique ». La Comteffe & fa mère reçurent d'Artois à la
porte de fon Palais. La joie fut géné-
rale ; & après huit jours entiers de fêtes , chacun *s'en alla à fon lieu.* Quelque
temps après , la Comteffe accoucha heu-
reufement ; « & pour ôter toutes foup-
» peçons , ainfi que Dieu le voult, elle
» en délivra *droit au bout de neuf mois* que
» fon Seigneur avoit *gru avec elle premie-*
» *rement* ». L'union des deux époux fut
intime , & ils rendirent leur Peuple heu-

reux par un gouvernement auſſi doux que ſage... (*La dernière feuille du manuſcrit manque*).

CE manuſcrit eſt orné de 83 grandes miniatures, indépendamment des figures d'animaux, de fleurs, d'armes, &c. qui en embelliſſent les marges. Les miniatures, comme on l'imagine bien, en conſidérant le temps où elles ont été faites, ſont affreuſement deſſinées. Comme il eſt toujours bon d'obſerver ce qui a trait au coſtume, voici les ſingularités que j'ai remarquées dans ces informes peintures. 1°. Les hommes & les femmes y ont des ſouliers à longues pointes, connus ſous le nom de *ſouliers à la Poulaine.* 2°. Les femmes y portent une coëffure très-haute, faite en forme de pain-de-ſucre. 3°. L'Evêque, donnant la bénédiction nuptiale (12ᶜ miniature) au Comte & la Comteſſe d'Artois, fait la cérémonie avec la mître ſur la tête : mais on ne voit nulle part ſon portecroſſe ; ſingularité que préſente encore la dernière miniature du manuſcrit, qui repréſente le baptême de l'enfant du Comte d'Artois. 4°. La 16ᵉ miniature préſente la bénédiction du lit nuptial. On y voit les deux époux au lit, le mari couvrant de la main droite le ſein de ſa femme; un Prêtre debout au pied du lit, vêtu d'une ſoutane violette & d'un ſurplis, fait la cérémonie, tenant d'une main le goupillon & de l'autre un rituel. 5°. Trois de ces miniatures (*feuillets 48, 70 & 114*) repréſentent un Autel, ſur lequel on voit le Crucifix, avec des ſtatues de Saints & de Saintes, mais ſans chandeliers ni cierges.

Terminons cette deſcription par une Table des Chapitres de l'Ouvrage, qui manque dans le manuſcrit. Cette Table ſervira, pour ainſi dire, de récapitulation à l'Extrait; & la cote des feuillets du manuſcrit, où commence chaque Chapitre, pourra n'être pas inutile à ceux qui voudroient recourir à l'original, ſoit pour y vérifier notre Extrait, ſoit pour

y lire le détail des faits dont cet Extrait
ne présente que la substance.

TABLE DES CHAPITRES.

COMMENT le Comte d'Artois se
partit d'Arras pour être au tournoy que
se devoit faire à Boulogne, & de ses
vaillances, feuillet 1er.

Comment le Comte d'Artois vint au tournoy,
& des haultes prouesses qu'il fist, dont il
gagna le pris, feuillet 8.

Comment le Comte d'Artois eut le pris du
tournoy qui lui fut présenté por la fille du
Comte de Boulogne, dont il fut amoureux, & comment il la fiança, feuillet 10 tourné.

Comment le Comte d'Artois épousa la fille
du Comte de Boulogne en sa Ville d'Arras,
feuillet 13 tourné.

Comment le Comte d'Artois fut déplaisant
qu'il ne pouvoit avoir généracion de sa
char, se partit de son Pays, disant
comme par veu (vœu) que jamais n'y
retourneroit d'ici que trois choses cy-après